La diplomacia marca la diferencia

UNITED NATIONS NATIONS UNIES

Elizabeth Anderson Lopez

Asesores

Crystal Hahm
Distrito Escolar Unificado de Tustin

Bijan Kazerooni, M.A.
Chapman University

Créditos de publicación

Rachelle Cracchiolo, M.S.Ed., *Editora comercial*
Conni Medina, M.A.Ed., *Gerente editorial*
Emily R. Smith, M.A.Ed., *Realizadora de la serie*
June Kikuchi, *Directora de contenido*
Caroline Gasca, M.S.Ed, *Editora superior*
Susan Daddis, M.A.Ed., *Editora*
Sam Morales, M.A., *Editor asociado*
Courtney Roberson, *Diseñadora gráfica superior*
Jill Malcolm, *Diseñadora gráfica básica*

Créditos de imágenes: pág.8 Fiji's Department of
Information/Xinhua/Alamy Live News; pág.9 Win McNamee/
GettyImages; pág.12 (centro) NASA; pág.15 Library of
Congress [http://hdl.loc.gov/loc.pnp/pga.00995]; pág.18 Mark
J Sullivan/Pacific Press/LightRocket via Getty Images; pág.19
Agung Samosir/Pacific Press/LightRocket via Getty Images;
pág.20 Ronald Reagan Presidential Library, National Archives
and Records; pág.21 Drew Angerer/Getty Images; pág.24
Mark Reinstein/Alamy; págs.25, 32 U.S. National Archives;
todas las demás imágenes de iStock y/o Shutterstock.

Library of Congress Cataloging-in-Publication Data

Names: Lopez, Elizabeth Anderson, author.
Title: La diplomacia marca la diferencia / Elizabeth Anderson Lopez.
Other titles: Diplomacy makes a difference. Spanish
Description: Huntington Beach, California : Teacher Created Materials,
[2018]
 | Text is in Spanish. | Audience: K to Grade 3. |
Identifiers: LCCN 2018022163 (print) | LCCN 2018029405 (ebook) | ISBN
 9781642901290 (ebook) | ISBN 9781642901139 | ISBN
9781642901139?qpaperback
Subjects: LCSH: Diplomacy--Juvenile literature. | International
relations--Juvenile literature.
Classification: LCC JZ1305 (ebook) | LCC JZ1305 .L6618 2018 (print) |
DDC
 327.2--dc23
LC record available at https://lccn.loc.gov/2018022163

Teacher Created Materials

5301 Oceanus Drive
Huntington Beach, CA 92649-1030
www.tcmpub.com

ISBN 978-1-6429-0113-9

Contenido

Cómo trabaja el mundo en conjunto 4

Líderes y leyes 6

Cómo resuelven problemas las naciones. . 14

Cuestiones globales. 22

La diplomacia en acción 26

¡Haz un diario! 28

Glosario. 30

Índice. 31

¡Tu turno! 32

Cómo trabaja el mundo en conjunto

El mundo es un lugar grande. Hay muchos países.
En realidad hay casi doscientos países. Muchos de ellos
tienen su propio idioma, sus propias **culturas** y comidas,
sus propios atuendos y demás. ¿Cómo trabajan juntos?

Hace falta mucho esfuerzo. Se necesita la **diplomacia**. Se necesitan normas. Algunas normas se escriben para proteger a las personas. Otras normas aseguran que todos sean tratados justamente. Hay muchos grupos que tienen normas para que los países las obedezcan.

Líderes y leyes

Cada país tiene un líder. Es un trabajo importante. Los líderes se esfuerzan mucho. Los buenos líderes tienen cosas en común. Son honestos y justos. Toman decisiones que son difíciles. Ayudan a hacer leyes.

En muchos países las personas eligen a sus líderes. Lo hacen por medio de las elecciones. Los líderes no siempre tienen el mismo título. En Estados Unidos el líder es llamado presidente. En Inglaterra, el líder es llamado primer ministro.

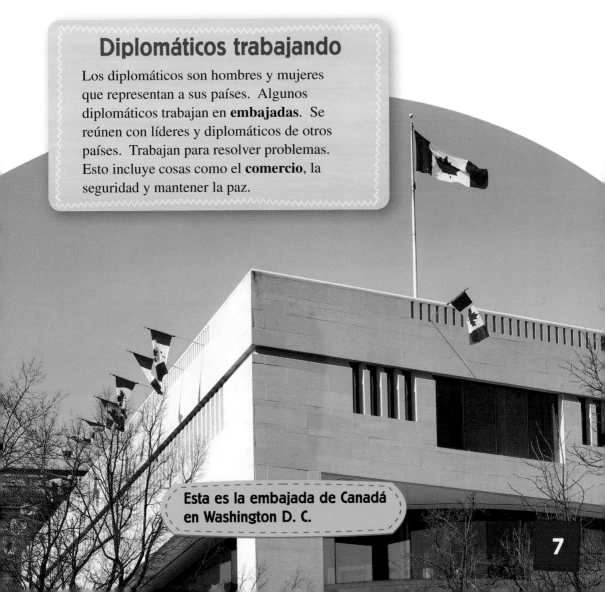

Diplomáticos trabajando

Los diplomáticos son hombres y mujeres que representan a sus países. Algunos diplomáticos trabajan en **embajadas**. Se reúnen con líderes y diplomáticos de otros países. Trabajan para resolver problemas. Esto incluye cosas como el **comercio**, la seguridad y mantener la paz.

Esta es la embajada de Canadá en Washington D. C.

Aprobando leyes

Los países tienen normas. Estas normas se llaman *leyes*. Les dicen a las personas cómo ser buenos **ciudadanos**. Las leyes nos dicen lo que es legal y lo que no es legal. Las personas que son sorprendidas infringiendo una ley pueden estar en problemas. Posiblemente deban enfrentar las **consecuencias**.

Estos líderes trabajan para aprobar leyes.

En Estados Unidos el Congreso hace y aprueba las leyes. Hay 535 miembros del Congreso. Los grupos que hacen leyes son de todos los tamaños. En algunos países, menos de 20 personas hacen las leyes.

El Congreso de Estados Unidos se reúne para escuchar un discurso.

Infringiendo las leyes

Por desgracia, las personas **infringen** leyes. La mayoría de los países tienen maneras de tratar esto. Muchos usan tribunales con un juez o un **jurado**. Estas personas escuchan y deciden si una persona es culpable de un delito. Un juez o un jurado también deciden cómo castigar a las personas.

Un juez escucha a personas en un tribunal.

Las personas que son halladas culpables de delitos no reciben los mismos castigos. Eso se debe a que no todos los delitos son iguales. Una persona puede recibir una multa por conducir a alta velocidad. Pero si alguien roba un auto puede ser enviado a la cárcel.

Un agente de policía para a un conductor por conducir a alta velocidad.

Delitos entre países

¿Qué sucede si un ciudadano de un país infringe una ley en otro país? ¿Cómo funciona eso? Es difícil darse cuenta. Lo más importante es que los países trabajen juntos.

¿De quién es el espacio exterior?

Cada país tiene sus propias fronteras. Pero ¿de quién son los planetas? ¿Puede un país decir que Júpiter le pertenece? En 1967 los líderes mundiales dijeron que no. Trabajaron juntos para tomar esta decisión. También se pusieron de acuerdo en que más de un país puede explorar el espacio.

Estación Espacial Internacional

CAPE VERDE

VENEZUELA

GUYANA

SURINAME

French Guiana (FRANCE)

COLOMBIA

ECUADOR

PERU

BRAZIL

BOLIVIA

PARAGUAY

Las leyes pueden no ser las mismas en países distintos. Es posible que los líderes y los tribunales deban involucrarse. Deben pensar en hacer lo correcto para ser justos. Es posible que deban **comprometerse**.

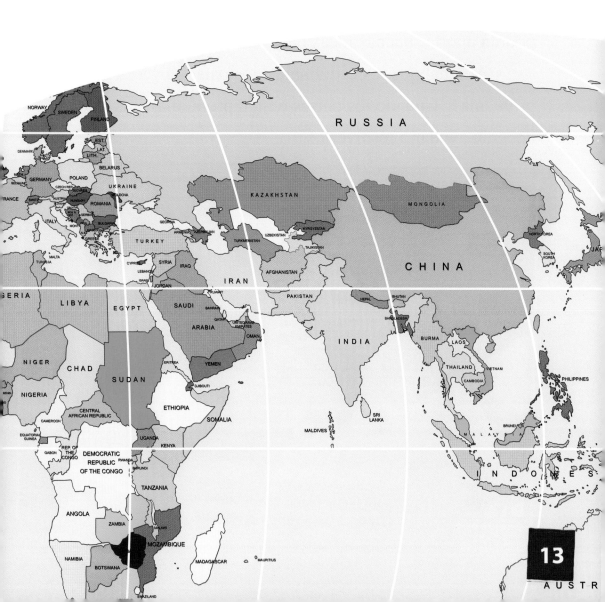

Cómo resuelven problemas las naciones

    ¿Qué sucede cuando hay problemas entre los estudiantes de una escuela? Por ejemplo, si a un amigo lo están acosando, querrás ayudar. Pero no sabes qué hacer. Quizás plantees el problema durante una reunión en clase. Otros estudiantes podrán aportar buenas ideas para poner fin al acoso.

    Al igual que los estudiantes, los países a veces tienen problemas. Cuando los países tienen problemas, sus líderes deberán ayudar a resolverlos.

Los estudiantes tienen una reunión en clase para ayudar a resolver un problema.

Hay grupos **globales** que pueden ayudar. Escuchan a todas las partes. Tratan de ser justos. Estos grupos globales también trabajan para asegurarse de que las personas tengan agua potable, comida y buena asistencia sanitaria. Ayudan a mantener la paz y a proteger a las personas en todo el mundo.

el edificio de las Naciones Unidas

La función de la ONU

La Organización de las Naciones Unidas (ONU) es un grupo de países que ayudan a mantener la paz mundial. Hay casi doscientos países miembros. La ONU no aprueba leyes. Vota sobre normas. Estas normas sustentan la paz entre los países.

asamblea de la ONU

Una bandera especial

La bandera de la ONU muestra dos cosas. Una es un mapa mundial circular visto desde el Polo Norte. También hay una corona de ramas de olivo. Son símbolos de la paz.

La ONU también trabaja para ayudar a resolver otros problemas en el mundo. Por ejemplo, ayuda a los países que no tienen agua apta para beber.

Más grupos en todo el globo

Hay muchos grupos que ayudan a todo el mundo. Algunos de ellos son parte de la ONU.

Uno de estos grupos ayuda a los niños. Se llama UNICEF. Recauda dinero para ayudar a los niños a aprender y a mantenerse saludables. Ha ayudado a muchos niños en todo el mundo.

Un diplomático de Kenia trabaja para ayudar a los niños.

La Organización Mundial de la Salud (OMS) también es parte de la ONU. Es un grupo que trabaja sobre cuestiones sanitarias en todo el mundo. Algunos países no tienen medicamentos. La OMS se asegura de que reciban lo que necesitan para ayudar a sus ciudadanos.

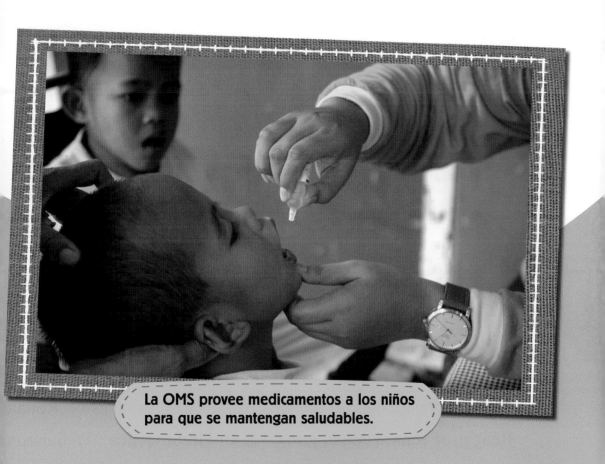

La OMS provee medicamentos a los niños para que se mantengan saludables.

Ronald Reagan se reúne con el líder de la Unión Soviética.

Reuniones cara a cara

Los líderes también se reúnen en persona. Esto es para ayudar a sus países a trabajar juntos para resolver problemas. Muchos presidentes de Estados Unidos han hecho esto. Ronald Reagan se reunió con el jefe de la Unión Soviética. Trabajaron juntos. Ayudaron a construir la paz.

Barack Obama trabaja con el líder de Colombia.

Barack Obama fue a muchos países. Se reunió con muchos de sus líderes. Estos líderes trabajaron con él para intentar resolver cuestiones mundiales.

Cuestiones globales

Los países trabajan unos con otros para resolver cuestiones. Una de estas cuestiones incluye el libre comercio. Esto significa que los países pueden comerciar productos con otros países.

Comercio justo

El comercio justo se practica en todo el mundo. Se asegura de que las personas reciban un monto justo para sus productos. Con el comercio justo los países menos ricos pueden ayudarse a sí mismos.

Este buque transporta productos que se comercian entre países.

Libre comercio

A veces un país tiene un producto que otro país desea. Por ejemplo, qué sucede si un país no cultiva frutas. ¿Qué es lo que hace? Puede comprar frutas a otros países. El libre comercio puede hacer que esto suceda.

Además de alimentos, se comercian muchas otras cosas. Se comercian petróleo, acero y carbón. La Organización Mundial del Comercio (OMC) se asegura de que el comercio sea justo. Protege a los países pequeños de que los más grandes los intimiden.

Tratados

Cuando los países hacen acuerdos, los escriben. Estos acuerdos se conocen como **tratados**. Pueden comprender muchas cosas.

Dos o más países pueden ser parte de un tratado. Los países pueden firmar un tratado después de pelear entre sí. Este dice que la guerra terminó. Los países también firman tratados sobre derechos humanos.

Los líderes de Israel y de Palestina estrechan manos después de firmar un tratado.

Los tratados son especiales. Se suelen firmar frente a una multitud. Se los envía a la ONU. Esto los hace oficiales. ¡Se han archivado más de 560 tratados!

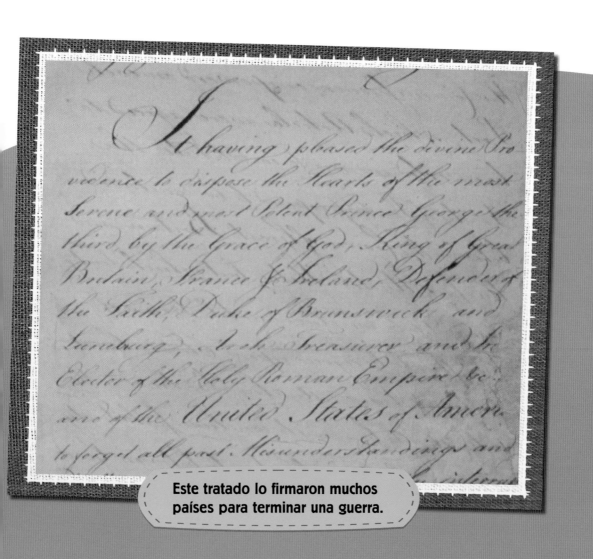

Este tratado lo firmaron muchos países para terminar una guerra.

La diplomacia en acción

Es importante que los países resuelvan problemas. Esto permite proteger a sus ciudadanos. Los líderes mundiales y los diplomáticos deben trabajar para asegurar que esto suceda. La ONU debe intervenir también cuando sea necesario. La ONU mantiene la paz en todo el mundo. También protege a las personas en tiempos de guerra o durante desastres.

La ONU ayuda a las personas en todo el mundo.

El libre comercio y los tratados forman buenas relaciones entre países. Hay menos problemas sobre lo que es justo.

Todas las personas tienen una función en mantener la paz en todo el mundo. Puedes hacer un pequeño aporte. Participa de las reuniones en clase. Ayuda a un amigo a resolver un problema. ¡Estos pequeños pasos lograrán cosas más grandes!

¡Cuida tus modales!

Los visitantes deben ser sensibles a las costumbres de otros países. Quizás no sean cosas a las que ellos están habituados. En Estados Unidos las personas se saludan con apretones fuertes de manos. Algunas personas de otros países piensan que los apretones de manos son irrespetuosos. Prefieren un apretón suave. En algunos países las personas no se dan la mano. En cambio, se inclinan ante otros.

¡Haz un diario!

Imagina que irás a un país nuevo por primera vez. ¿Qué desearías que la gente del lugar sepa sobre tu país? ¿Qué objetos llevarías para representar mejor a tu país? Busca o haz dibujos de cosas que representan a tu país. Inclúyelos en un diario que puedas mostrar a las personas que conozcas.

Deja algunas páginas en blanco al final. Escribe tres preguntas que quisieras hacer a las personas que conoces sobre su país.

Glosario

ciudadanos: personas que viven en una ciudad, estado o país

comercio: la compra y venta de productos entre personas o países

comprometerse: renunciar a algo que alguien desea para llegar a un acuerdo

consecuencias: los resultados de las acciones de alguien

culturas: las creencias y los modos de grupos de personas

diplomacia: la labor que ayuda a que los países mantengan o construyan buenas relaciones

embajadas: edificios donde los líderes trabajan en países que no son el propio

globales: que incluyen a todo el mundo

infringen: quebrantan

jurado: un grupo de personas elegidas para tomar decisiones en un tribunal

tratados: acuerdos entre dos o más países

Índice

Estados Unidos, 7, 9, 20, 27, 32

Inglaterra, 7, 32

leyes, 6, 8–10, 12–13, 16

libre comercio, 22–23, 27

líderes, 6–8, 12–14, 20–21, 24, 26

Obama, Barack, 21

ONU, 16–19, 25–26

Organización Mundial de la Salud (OMS), 19

Organización Mundial del Comercio (OMC), 23

presidente, 7, 20

primer ministro, 7

Reagan, Ronald, 20

tratados, 24–25, 27, 32

UNICEF, 18

¡Tu turno!

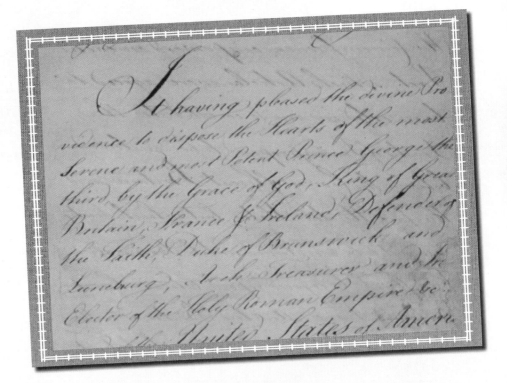

Hacer la paz

Este tratado ayudó a Estados Unidos a lograr su independencia de Inglaterra. Piensa en un problema que tienes con un amigo. Escribe un tratado para resolver el problema. Reúnete con tu amigo para conversar sobre el tratado. Fírmenlo si ambos están de acuerdo sobre cómo resolver el problema.